BEI GRIN MACHT SICH IHR WISSEN BEZAHLT

Der Prozess der Personalrekrutierung. Welchen Einfluss nehmen Algorithmen darauf?

Karolina Czerniawska

Bibliografische Information der Deutschen Nationalbibliothek:

Die Deutsche Nationalbibliothek verzeichnet diese Publikation in der Deutschen Nationalbibliografie; detaillierte bibliografische Daten sind im Internet über http://dnb.d-nb.de abrufbar.

ISBN: 9783346353900
Dieses Buch ist auch als E-Book erhältlich.

© GRIN Publishing GmbH
Nymphenburger Straße 86
80636 München

Druck und Bindung: Books on Demand GmbH, Norderstedt Germany
Gedruckt auf säurefreiem Papier aus verantwortungsvollen Quellen

Das vorliegende Werk wurde sorgfältig erarbeitet. Dennoch übernehmen Autoren und Verlag für die Richtigkeit von Angaben, Hinweisen, Links und Ratschlägen sowie eventuelle Druckfehler keine Haftung.

Das Buch bei GRIN: https://www.grin.com/document/991265

Georg-August Universität Göttingen

Wirtschaftswissenschaftliche Fakultät

Professur für Wirtschaftspolitik und Mittelstandsforschung

Seminararbeit

Einflüsse auf den Personalrekrutierungsprozess durch die Nutzung von Algorithmen

Autorin: Karolina Czerniawska

Inhaltsverzeichnis

1 Einleitung

Heutzutage werden viele wichtige Entscheidungen, die noch vor ein paar Jahrzehnten von Menschen beschlossen wurden, durch Computer getroffen. Die Effizienz und Genauigkeit von automatisierten Entscheidungen versichert, dass der Einsatz von Algorithmen für Entscheidungsfelder weiter zunehmen wird. Dieses Thema ist besonders relevant, da es immer weiter Anwendung findet und dieser Fortschritt noch viele Jahre andauern wird (Tegmark 2017, 92; Barocas et al. 2017, 636). Speziell bei der Personalrekrutierung ist es wichtig, die Bewerber[1] objektiv und entsprechend ihrer Qualifikationen auszuwählen. Die neuen Technologien und Algorithmen werden in diesem Kontext dazu genutzt, einen Mechanismus zur Erstellung von Vorhersagen zu entwickeln. Dabei betrachtet ein Algorithmus die Fähigkeiten der Bewerber, die Charakteristika ihrer beruflichen Leistung und die Personalkennzahlen. Anschließend wird ein Muster erstellt anhand dessen die Unternehmen ihr Personal rekrutieren (Noack 2019, 37). Das Augenmerk wird bei dieser Arbeit auf die sogenannten „screening" Entscheidungen gelegt. Dabei muss beispielsweise ein Manager die Bewerber gründlich prüfen, um entscheiden zu können, wer eingestellt werden soll. Darauf aufbauend sind die folgenden Ausarbeitungen auf Entscheidungen bezogen, die über andere Menschen getroffen werden und unmittelbar ihr Leben beeinflussen (Brooks 2018, 83). Des Weiteren wird der Fokus auf Entscheidungsprozesse gelegt, die durch den Einsatz von Computern mit Datenverarbeitungsprogrammen unterstützt werden. Das beinhaltet den Einsatz von maschinell lernenden Algorithmen und künstlicher Intelligenz (Brooks et al. 2018, 83). Der beschriebene Algorithmus, ist die eindeutige und logische Anwendung einer Regel, die beschreibt wie ein Problem gelöst werden sollte. Besonders relevant sind die maschinell lernenden Algorithmen. Diese besitzen die Eigenschaft, sich durch Erfahrung im Lernprozess zu verbessern, ohne die Notwendigkeit menschlicher Intervention. Dies beschreibt einen Teilbereich der künstlichen Intelligenz (Tegmark 2017, 72). Der Prozess erfolgt in Einzelschritten, die nacheinander ausgeführt werden. Bei der Erstellung der Prognose gibt es qualitative und quantitative Unsicherheiten. Diese lassen sich auf die Kombinationen der Personalmerkmale, die für Arbeitgeber interessant sind, zurückführen. Diese Merkmale sind innerhalb einer Gruppe homogen und betreffen zum Beispiel die Bildung, das Vorstrafenregister, den Verdienst oder die Informationen bezüglich des Zahlungsverkehrs (Kleinberg et al. 2018, 123).

---

[1] Aus Gründen der Lesbarkeit wird im Text die männliche Form gewählt, es ist jedoch immer die weibliche Form mitgemeint.

Das Vorgehen

In der vorliegenden Arbeit wird speziell auf die Entscheidungsprozesse in Einstellungsverfahren eingegangen und gezeigt, wie der Einsatz von Algorithmen dieses Feld beeinflusst. Dafür werden sowohl die positiven als auch die negativen Einflüsse der Algorithmen auf den Einstellungsprozess herausgearbeitet. Dabei werden Studien, welche sich mit dem Thema der Entscheidungsfindung durch Algorithmen beschäftigen, erläutert. Diese liefern bereits erste Lösungsvorschläge für die Verbesserung von Entscheidungsprozessen durch Algorithmen, aber auch damit einhergehende Risiken. Im Anschluss werden die stärksten Argumente in einer Diskussion gegeneinander abgewogen. Weiterhin wird die wirtschaftspolitische Bedeutung dieses Themas dargestellt und es werden mögliche Chancen und Risiken genannt. Abschließend wird die bestehende Forschungslücke aufgezeigt.

2 Positive Einflüsse durch den Algorithmus

Bei von Menschen durchgeführten Einstellungsverfahren, kann nicht ausgeschlossen werden, dass die Arbeitgeber bei ihrer Entscheidung die Herkunft oder das Geschlecht von Bewerbern mitberücksichtigen. Sollten Arbeitgeber keine aussagekräftigen Informationen über ihre Entscheidungen geben, kann versucht werden, diese zu rekonstruieren. Dazu bedarf es der Analyse von Daten (Kleinberg et al. 2018, 130). Jedoch wird die Einführung eines Algorithmus nicht unmittelbar soziale Ungerechtigkeit lösen (Abebe et al. 2020, 523). Einen statistischen Beweis für Diskriminierung in Einstellungsverfahren liefert ein Feldexperiment von Bertrand und Mullainathan, bei dem vergleichbare Bewerbungen oder Lebensläufe an Arbeitgeber verschickt wurden. Dabei wurde festgestellt, dass eine Verbindung zwischen dem Namen der Bewerber und der Assoziation mit einer Hautfarbe besteht. So erhielten Bewerber, deren Name auf eine andere Hautfarbe als die „weiße" schließen lässt, weniger Rückrufe oder Einladungen zu einem Vorstellungsgespräch, als Personen mit deren Namen eine „weiße" Hautfarbe suggeriert wird (Bertrand, Mullainathan 2004, 82). Das lässt sich dadurch erklären, dass das menschliche Unterbewusstsein verstärkt auf das Geschlecht, das Alter und die Hautfarbe anderer Menschen reagiert (Kleinberg et al. 2018, 125-127). Durch Algorithmen ist es einfacher festzustellen, auf welcher Basis Entscheidungen getroffen und warum bestimmte Merkmale berücksichtigt wurden. Besonders bei großen Unternehmen, die viele Bewerbungen erhalten, werden die „screening" Systeme gebraucht. Dabei zeigt die Studie „ PROSPECT: A System for Screening Candidates for Recruitment", dass mithilfe des „PROSPECT" Algorithmus die Kandidaten besser eingeordnet werden können. Die dafür relevanten Informationen entnimmt der Algorithmus aus den Bewerbungen. Auf diese Weise werden Bewerbungen und Lebensläufe effizient überprüft, sodass den Arbeitgebern die wichtigsten Details über den

Kandidaten vorliegen. Dazu gehören seine Berufserfahrung, Bildung oder auch die einzelnen Fähigkeiten in bestimmten Bereichen (Chenthamarakshan 2010, 659). Darüber hinaus ist es möglich, den Algorithmus prüfen zu lassen, ob die Entscheidung unverändert ausfallen würde, wenn man ein Merkmal ändert. Es kann genauestens geprüft werden, welche Daten für das Trainieren des Algorithmus verwendet wurden (Kleinberg et al. 2018, 116). Weiterhin ist die Unterscheidung zwischen der disparaten Behandlung (disparate treatment) und dem disparaten Einfluss (disparate impact) zu berücksichtigen. Beide resultieren in diskriminierenden Behandlungsweisen. Eine disparate Behandlung meint die von dem Grundrecht verbotene Diskriminierung infolge von Ethnie, Geschlecht, Nationalität, Religion und Alter (Kleinberg et al. 2018, 121). Der disparate Einfluss deutet hierbei auf eine unverhältnismäßige, negative Auswirkung auf Mitglieder von geschützten Gruppen, wie beispielsweise Frauen und Afro-Amerikanern, hin (Kleinberg et al. 2018, 122).

2.1 Reduktion der Diskriminierung

Ein Algorithmus kann dazu genutzt werden, die Leistung der potenziellen Arbeitnehmer nach ihrer Einstellung zu prognostizieren. Die Entscheidungen, die durch Menschen getroffen werden, sind subjektiv. Sie basieren auf der Voreingenommenheit, welche bei der menschlichen Entscheidungsfindung unbewusst auftreten kann, sodass die Gründe für das Handeln nicht klar definierbar sind. Es ist möglich durch die Analyse von Daten die menschliche Entscheidungsfindung nachzuvollziehen. Die Untersuchungen der Daten messen nicht inwieweit zum Beispiel Mitarbeiter mit der gleichen Leistung auch gleichbehandelt werden, sondern nur die Qualifikationen der Bewerber (Kleinberg et al. 2018, 130). Die zu messenden Qualifikationen, müssen zunächst definiert werden, um als Basis für die Entscheidung zu dienen. Dabei muss das Ergebnis bestimmt werden, welches eine gute Arbeitsleistung beschreibt (Abebe et al. 2020, 255). Der Nachteil bei der Definition der Bewerberqualifikationen ist die lange Prozedur, da viele Faktoren zu berücksichtigen sind. Außerdem lässt sich festhalten, je mehr Daten beachtet werden müssen, desto länger dauert die Ausführung. Dazu kommt, dass in den meisten Fällen für eine Stellenausschreibung nur wenige Arbeitskräfte gesucht werden. Dies erschwert die Entscheidung, ob ein Unternehmen eine Person aus einer bevorzugten Gruppe statt einer Person mit der gleichen Qualifikation aus einer benachteiligten Gruppe ausgewählt hat (Kleinberg et al. 2018, 131). Um herauszufinden, ob eine disparate Behandlung vorliegt, sollten die Trainingsdaten, Zielvariablen und der resultierende Algorithmus zum Experimentieren und Prüfen zur Verfügung stehen. Dies ist wichtig, um den Fakt miteinzubeziehen, dass disparate Behandlung auftreten kann, wenn Informationen wie Herkunft und Geschlecht vorliegen. Vorausgesetzt ein Algorithmus ist in den Entscheidungsprozess eingebunden, kann der Zielkonflikt quantifiziert werden. Zielkonflikte können aus der unternehmerischen Notwendigkeit oder einer anderen Rechtfertigung für den disparaten Einfluss auf Bewerber entstehen (Kleinberg et al. 2018, 150). Algorithmen können eine Reihe von Rankings erstellen, die nach der Toleranz für die disparaten Einflüsse variieren (Kleinberg et al. 2018, 150-151). Darüber hinaus haben Algorithmen klar formulierte Ziele. Es existiert demnach nicht die Notwendigkeit zu erraten, welchen Regeln ein Algorithmus folgt. So kann beim Zulassungsverfahren genau definiert werden, nach welchen Auswahlkriterien die Bewerber rekrutiert werden sollen. Zu beachten ist, dass ein Algorithmus nicht dafür bestimmt ist, Diskriminierung aufgrund von unterschiedlichen Ethnien zu lösen (Kleinberg et al. 2018, 151). Ziel eines Algorithmus sollte es sein, das Ergebnis, für das sich Arbeitgeber beim Bewerbungsverfahren interessieren, zu spezifizieren. Außerdem sollten Ranglisten der Kandidaten anhand der resultierenden Prognose erstellt werden. Ein Algorithmus kann demnach präzise quantifizieren, was aufgegeben werden muss, um ein Ziel zu erreichen. Wenn Algorithmen in den Entscheidungsprozess involviert sind, ist es einfacher Diskriminierung festzustellen. Bei einem Bewerbungsprozess wird anhand von beobachtbaren Variablen ermittelt, ob eine Diskriminierung vorliegen könnte. So wird zum Beispiel untersucht, ob das Geschlecht in den vergangenen Einstellungsraten eines Arbeitgebers signifikant auf Diskriminierung hinweist. Dabei wird der Code des Algorithmus gelesen und dieser dem vom Gesetzgeber definiertem Begriff von Diskriminierung gegenübergestellt. Damit kann erkannt werden, ob eine nach dem Gesetz verbotene Diskriminierung vorliegt (Kleinberg et al. 2018, 114).

2.2 Steigerung der Gerechtigkeit

Ein Prinzip, dass dabei hilft Gerechtigkeit in einem System zu untersuchen, wird „procedual regularity" genannt. Durch dessen Nutzung kann ein Computersystem legitimieren, dass Entscheidungen anhand von festen Regeln getroffen werden (Barocas et al. 2017, 637-638). Die Einbeziehung von Zufall in einen Algorithmus kann zu mehr Flexibilität führen. So kann ein Algorithmus abseits der Umwelt, in der er entwickelt wurde, operieren (Barocas et al. 2017, 683). Sollte jedoch Voreingenommenheit im Entwicklungsprozess des Algorithmus unentdeckt geblieben sein, kann sein Einsatz unter dieser Voraussetzung zu diskriminierenden Prognosen führen (Barocas et al. 2017, 683-684). In Hinsicht auf einen maschinell lernenden Algorithmus, der zur Rekrutierung von Fachkräften genutzt und mit Daten trainiert wurde, die Frauen als die schwächeren Kandidaten beurteilten, hat sich herausgestellt, dass mehr Männer eingestellt wurden. Durch dieses Ergebnis ist ersichtlich, dass Charakteristiken für erfolgreiche Einstellungen stark mit den Variablen für das Geschlecht korrelieren. Sobald der Algorithmus jedoch Elemente des Zufalls beinhaltet, werden mehr Frauen eingestellt. Die Validität der Annahmen kann geprüft werden. Davon würde über die Zeit die Präzision und Gerechtigkeit des ganzen Systems profitieren. Beim gelegentlichen Schätzen der Kandidaten, von denen keine zuverlässigen Prognosen erstellt werden können, kann dieses Modell zusätzliche Daten sammeln und sich entwickeln. So lassen sich in der realen Welt gewissenhaftere Vorhersagen treffen (Barocas et al. 2017, 684).

2.3 Reduzierung des disparaten Einflusses

Der disparate Einfluss beschreibt eine nichtgerechtfertigte negative Auswirkung auf Mitglieder von geschützten Gruppen. In Bezug auf Diskriminierung in der Personalrekrutierung bedeutet es, dass die Einstellungsentscheidungen der Arbeitgeber einen nachteiligen Effekt auf Mitglieder der geschützten Gruppen haben. Eine mögliche, zu prüfende Situation wäre beispielsweise die Forderung eines Arbeitsgebers nach einer schriftlichen Prüfung für seine Verkaufsangestellten. Denkbar wäre auch ein Polizeipräsidium, welches eine neue Regel einführt, nach der Bewerber in der Lage sein müssen, eine bestimmte Geschwindigkeit beim Laufen zu erreichen. Sobald sich durch diese Praktiken nachteilige Effekte auf Menschen aus geschützten Gruppen auswirken, werden die Maßnahmen als ungültig erklärt. Dies ist solange der Fall, bis der Arbeitgeber nachweisen kann, dass die gestellten Anforderungen in direktem Zusammenhang mit den Anforderungen für den Beruf stehen (Kleinberg et al. 2018, 122). Sofern eine Metrik eingeführt wird, die die Leistung der Mitarbeiter bewertet, hat diese oft Verzerrungen zur Folge (Abebe et al. 2020, 254). Es ist jedoch möglich, das Problem der ungleichen Auswirkung mithilfe des Algorithmus zu lösen. Dabei kann ausgesagt werden, welches Ausmaß der disparate Einfluss annimmt und welche Folgen die Eliminierung dieser Auswirkung nach sich zieht (Kleinberg et al. 2018, 150-151).

2.4 Erhöhung der Gleichheit

Algorithmen haben das Potenzial, disparate Behandlung bei den Entscheidungen zu vermeiden und die Diskriminierung relativ zu den menschlichen Entscheidungsprozessen zu reduzieren. Die Nutzung von Algorithmen ist somit eine Alternative, um mit der menschlichen Voreingenommenheit umzugehen. Wenn das vorhergesagte Resultat alles ist wofür ein Algorithmus erstellt wurde, muss man sich keine Sorgen über versteckte Absichten seitens des Algorithmus machen (Kleinberg et al. 2018, 154). Im Weiteren folgt ein Beispiel, welches dies verdeutlicht: Einem Algorithmus liegt ein Datensatz vor, der die Informationen über die Verkaufsraten der Mitarbeiter enthält. Außerdem umfasst er die Einschätzung des Managers über die Verkaufsleistung seiner Mitarbeiter. Der Manager diskriminiert Frauen und stuft sie schlechter ein als Männer. Darüber hinaus hat der Manager für Männer eine aussagekräftige

Bewertung abgegeben, welche relevant für die berufliche Leistung ist, jedoch nicht gänzlich in die vergangenen Verkaufsraten miteingebracht wurde. Ein Algorithmus soll eine Prognose über die zukünftigen Verkäufe der Angestellten treffen. Ist es dem Algorithmus untersagt, Wissen über das Geschlecht einfließen zu lassen, wird er das Rating des Managers als einen Einflusswert nutzen. So wird die Beurteilung des Managers als relevant für die Hälfte der Stichprobe eingestuft, da nur bei dieser eine Einstufung erfolgte. Die auf diesen Daten basierende Prognose würde die Produktivität der Frauen dementsprechend niedriger einstufen. Die Folge wäre schließlich eine Kluft zwischen dem Verdienst der Geschlechter. Würde hingegen ein Algorithmus mit entsprechenden Trainingsdaten versorgt, würde er die Ratings des Managers als relevant für die Prognose der Produktivität von Männern, jedoch nicht der von Frauen sehen (Kleinberg et al. 2018, 154-155). Bei einer Simulation der Zulassungsentscheidungen für eine Hochschule wurde herausgefunden, dass bei den Zulassungen, bei denen der Algorithmus die Ethnie der Bewerber umfasste, der Anteil der zugelassenen Afro-Amerikaner signifikant gestiegen war (Kleinberg et al. 2018, 158). Der Algorithmus, dem die Ethnie hingegen unbekannt war, nahm im Bewerbungsverfahren weniger Schüler aus geschützten Gruppen auf. Grund dafür waren Unterschiede in der Beziehung zwischen dem Einflusswert für die Schüler mit einer „weißen" Hautfarbe sowie Schülern mit einer anderen Hautfarbe und dem Erfolg an der Hochschule angenommen zu werden (Kleinberg et al. 2018, 160).

Die größten Vorteile in Bezug auf die Gleichheit können daraus resultieren, dass die Technologie die Leistung der Bewerber besser prognostizieren kann als dies bei Prognosen durch Menschen der Fall ist (Kleinberg et al. 2018, 160). Dieser Ansatz zur Erreichung von mehr Gleichheit zwischen verschieden kulturellen und sozialen Gruppen in einem Hochschul-Auswahlprozess könnte auch im Kontext des Einstellungsverfahrens eines Unternehmens eine negative Arbeitskultur verhindern (Abebe et al. 2020, 253).

3 Negative Einflüsse des Algorithmus

Algorithmische Entscheidungen können zu Diskriminierung, Informationsasymmetrien und einem Mangel an Transparenz führen (Lepri et al. 2018, 14). Darüber hinaus verursachen Algorithmen in Bereichen, in denen sie Probleme gelöst haben, neue Komplikationen (Pasquale 2015, 36).

3.1 Diskriminierung

Es ist naiv und könnte sogar gefährlich sein zu glauben, dass Algorithmen die Diskriminierung geschützter Gruppierungen eliminieren können (Kleinberg et al. 2018, 116). Dies ist der Fall, da Algorithmen zu Diskriminierung tendieren, selbst wenn sie nicht darauf programmiert wurden (Barocas,Selbst 2016, 674). Algorithmen, die auf Basis von Daten aus der realen Welt erhoben und entsprechend trainiert wurden, können Diskriminierung reflektieren. Dies bedeutet, dass Algorithmen, die Daten über vergangene Distinktion gegenüber bestimmten Gruppen enthalten, einen diskriminierenden Effekt erzielen können. Das ist selbst dann der Fall, wenn sie vorurteilfrei entwickelt wurden (Ajunwa 2016, 14). Lange schon besteht die Idee, Menschen in Ränge einzuordnen und sie anhand von ihren vergangenen Daten zu bewerten. Diese Informationen werden oft von Unternehmen beim Auswahlverfahren berücksichtigt. Viele Menschen wissen dabei, dass ihre aktuellen Handlungen einen Einfluss auf ihre Zukunft haben werden (Brooks et al. 2018, 78).

Das Problematische an automatisierten Entscheidungsprozessen ist, dass sie Diskriminierung gleichzeitig systematisieren und verschleiern können. So ist schwer zu sagen, ob die erstellte Prognose ein Effekt einer durch den Algorithmus eingesetzten Regel ist. Anhand von Beobachtungen ist es nicht ersichtlich, ob die Regel einen diskriminierenden Effekt aufzeigt. Die von Computern getroffenen Entscheidungen genießen somit einen unverdienten Ruf von Gerechtigkeit und Objektivität. Die Entscheidungssysteme sind durch die automatisierte Einwirkung von Daten anfällig für eine Vielzahl von Problemen. Sie können schließlich in einer systematischen, fehlerhaften und verzerrten Diskriminierung enden. Ein Programm, das auf Basis vergangener Einstellungsentscheidungen von Menschen trainiert wurde, kann statistisch ein verfälschtes Bild einer Gruppe wiedergeben. Dieser Fall liegt vor, wenn die Einstellungsbeispiele aus der Vergangenheit Vorurteile oder implizierte Voreingenommenheit reflektieren. Dies stellt ein Problem bei der Auswahl von Kandidaten in zukünftigen Bewerbungsprozessen dar, da alle vergangenen Entscheidungen selbst verzerrt waren (Barocas et al. 2017, 680). Es entsteht die Befürchtung, dass Unternehmen sich zu sehr auf eine Software verlassen, welche die Bewerbungen genau prüft und vielversprechende Kandidaten aussortiert. Dabei kann es zu Fehleinschätzungen des Programms kommen, wenn erwartete, präzise Begriffe nicht auftauchen. Demnach stellt die automatisierte Lebenslauf-Selektierung eine Barriere für qualifizierte Kandidaten dar (Pasquale 2015, 36). Sich fälschlicherweise auf die Daten zu verlassen, ohne sie kritisch zu hinterfragen deutet auf eine angenommene Objektivität der Daten. Wenn ein Algorithmus mit einem Datensatz trainiert wurde, welchem Objektivität zugesprochen wird, resultiert daraus das Problem einer unreflektierten Akzeptanz der Entscheidung des Algorithmus (Ajunwa 2016, 13). Ein Algorithmus sollte nicht als eine unfehlbare Autorität verstanden werden, sondern als eine zweite Meinung herangezogen werden (Packin 2019, 7).

Diskriminierung kann sich während des Erstellungsprozesses der maschinell lernenden Modelle einschleichen. Computerwissenschaftler nennen dieses Problem ‚Merkmalauswahl'. Sofern in einem Einstellungsprozess in der Vergangenheit weniger Frauen eingestellt wurden, ist der Datensatz der weiblichen Arbeitnehmer weniger verlässlich als jener der männlichen. Die Verlässlichkeit der Faktoren, die als Vertreter für eine Klassenzugehörigkeit stehen, muss kritisch betrachtet werden. So sinkt beispielsweise die durchschnittliche Dauer der Beschäftigungsverhältnisse von Frauen, wenn eine Frau ihre Arbeitsstelle aufgrund der Geburt ihres Kindes verlässt. Das hat zur Folge, dass diese Metrik als ein Stellvertreter für das Geschlecht im Einstellungsverfahren bekannt ist. Die Stellvertreter für bestimmte Merkmale sind schwierig zu eliminieren, da sie wichtige Informationen beinhalten, die ein Analyst im Modell berücksichtigen möchte (Barocas et al. 2017, 681). Durch den Einfluss der Nutzung vergangener Trainingsdaten kann ein maschinell lernender Algorithmus stereotypische Assoziationen lernen. Dabei werden ihm aus einem Datensatz häufig genutzte Wortkombinationen beigebracht. Ein Beispiel dafür ist das Erkennen vom Geschlecht durch den Vornamen oder die geschlechterspezifische Berufswahl. Werden dem Algorithmus weitere Assoziationen beigebracht, könnte er voreingenommene Entscheidungen beim Rekrutieren von Bewerbern treffen (Brooks et al. 2018, 88).

Ein gegensätzliches Problem könnte auftauchen, wenn Unternehmen jeden Bewerber als den perfekten Kandidaten dargestellt bekommen. Dies könnte der Fall sein, wenn alle Antragsteller ein für die Berufsgruppe typisches Initialwort in ihrem Lebenslauf verwenden. Darunter vorstellen kann man sich ein Kürzel, das eine bestimmte Arbeitsgruppe kennzeichnet. Eine Person, die dieses Akronym nicht benutzt hat, würde ohne weiteres abgelehnt werden und nie den Grund dafür erfahren (Pasquale 2015, 36). Arbeitgeber können außerdem Online-Suchen als Hilfe für zukünftige Einstellungsentscheidungen, für potenzielle Arbeitnehmer, nutzen. Die Analyse einer Internetsuchmaschine zeigt unter anderem, dass kriminelle Suchergebnisse öfter bei Namen vorkommen, die mit afro-amerikanischer Herkunft assoziiert werden. Dabei wird ein Name in die Suchleiste eingegeben und entweder ist das Ergebnis neutral oder es wird eine Verlinkung zu einer kriminellen Vergangenheit vorgeschlagen. Die Erklärung dafür könnte ein Algorithmus sein, der die Suchergebnisse an die Suchanfragen der Nutzer anpasst (Abebe et al. 2020, 253). Dies zeigt, wie Algorithmen negative Assoziationen lernen können, besonders wenn der Datensatz ein breites Feld an Inputvariablen enthält (Brooks et al. 2018, 89).

3.2 Wirkung des disparaten Einflusses

Der Einfluss taucht auf, wenn eine Prozedur auf alle Gruppen angewendet wird, aber es zu unterschiedlichen Auswirkungen auf Mitglieder bestimmter Gruppierungen kommt (Abebe et al. 2020, 254). Um zu erklären wie datenbasierte Entscheidungen Diskriminierung begünstigen, wird erklärt inwieweit unvoreingenommene Algorithmen zu befangenen Entscheidungen führen (Brooks et al. 2018, 79). Automatisierte Systeme bewerten alle Individuen auf dieselbe Weise und können dadurch Diskriminierung aufheben. Algorithmen können dem Arbeitgeber somit versichern, die Bewerber nicht aufgrund von Vorurteilen zu bewerten. Die Erstellung der Datensätze wird jedoch durch Softwareentwickler mithilfe von Punktesystemen durchgeführt. Diese definieren auch die Parameter für die Analyse, erstellen Gruppen sowie Verbindungen und bieten Entscheidungsmöglichkeiten. Die menschliche Voreingenommenheit ist in jedem einzelnen dieser Prozesse involviert. Die Automatisierung kann somit Diskriminierung in den Prozess einschleusen (Pasquale 2015, 36). Der disparate Einfluss tritt vermehrt bei Personalrekrutierungsentscheidungen auf, die auf der Grundlage von Prognosen erstellt wurden (Barocans, Selbst 2016, 680) Grund dafür ist, dass das ‚Data Mining' verschiedene diskriminierende Effekte haben kann (Barocas, Selbst 2016, 676). In Bezug auf ein Unternehmen können die Daten, die gesammelt werden, nicht repräsentativ für die Mitarbeiter sein. Sie könnten Fehler enthalten, wodurch Mitglieder geschützter Gruppen diskriminiert werden würden (Barocas, Selbst 2016, 684). Unter „Data Mining" ist die Auswertung von größeren Datensätzen zu verstehen, anhand derer die Ermittlung von Zusammenhängen erfolgen kann (Chen 2008, 281). Angesprochen wird im Zusammenhand mit „Data Mining" oft das Signalproblem, welches entsteht, wenn bestimmte Gruppen aufgrund uneinheitlicher Datenerhebung in der Gesellschaft unterrepräsentiert sind. Das Problem beschreibt, dass der Datensatz die reale Welt wiederspiegeln soll, dabei jedoch gewisse Lücken vorhanden sind. Ursache dafür ist, dass bestimmte Gruppierungen nicht ausreichend in die Daten aufgenommen wurden. Durch die Wissenschaftlerin Kate Crawford wird ebenfalls erklärt, dass ein großer Datensatz mit prognostizierenden Analysen nicht die objektive Wahrheit präsentieren muss. Somit führt ein größerer Umfang von Daten nicht zwangsläufig zu mehr Transparenz. Da die Zahlen durch den Menschen beeinflusst wurden, können sie nicht für sich sprechen. Stattdessen erlangen sie ihre Bedeutung erst durch menschliche Interpretation (Ajunwa 2016, 13). In Hinsicht auf den Rekrutierungsprozess können systematische Differenzen im Internetzugang dazu führen, dass sich Menschen aus geschützten Gruppierungen nicht gleich effizient für eine ausgeschriebene Stelle bewerben können (Barocas, Selbst 2016, 685). Es sollte gewährleistet sein, dass Unternehmen, die Algorithmen in ihrem Rekrutierungsprozess verwenden, Menschen nicht anhand von bestimmten Merkmalen kategorisieren. Als solche sind zum Beispiel das Geschlecht, die Ethnie oder die sexuelle Orientierung zu nennen (Pasquale 2015, 40). Um zu wissen, inwieweit ein disparater Einfluss vorliegt, ist zu überprüfen, ob die Auswahl der Kandidaten nach bestimmten Kriterien gerechtfertigt werden kann. Dies erfolgt aufgrund einer Beurteilung der Notwendigkeit dieser Merkmale für den Tätigkeitsbereich (Barocas, Selbst 2016, 701). Es ist erforderlich, die Entscheidungen eines Algorithmus in ihrem Kontext zu betrachten, bevor ein disparater Einfluss festgestellt werden kann. Im Kontext der Personalrekrutierung würden beispielsweise Menschen, die seit mindestens sechs Monaten arbeitslos sind, mit einer verminderten Wahrscheinlichkeit eingestellt werden. Der Gesetzgeber hat deshalb beschlossen, dass eine Langzeitarbeitslosigkeit nicht als Grundlage für Rekrutierungsentscheidungen gelten darf. Dennoch kann die Dauer der verstrichenen Zeit seit der letzten Anstellung in das Modell eingesetzt werden. Sollte dieser Faktor eine hohe Gewichtung bekommen, wird auf diese Weise die Dauer der Arbeitslosigkeit in die Entscheidung einfließen. Gesetzgeber müssen deshalb die Möglichkeit berücksichtigen, dass Algorithmen am Gesetz vorbei agieren können. Aus diesem Grund müssen die Gesetzte, welche Personalrekrutierungsentscheidungen definieren, spezifischer über die Höhe der Gewichtung eines Faktors urteilen (Pasquale 2015, 150).

4 Diskussion

In dieser Arbeit wurden anhand aktueller Forschungsergebnisse die Einflüsse des Einsatzes von Algorithmen in der Personalrekrutierung beschrieben. Es gibt einige Lösungsansätze, die sich mit den Möglichkeiten beschäftigen, wie algorithmische Entscheidungsprozesse gerechter und transparenter gestaltet werden können. Ziel ist die bewusste und unterbewusste Diskriminierung von geschützten Gruppierungen zu reduzieren (Lepri et al. 2018, 14). In den letzten Jahren wurden Algorithmen dafür genauer untersucht (Abebe et al. 2020, 252). Die Automatisierung der algorithmischen Entscheidungsprozesse durch maschinelles Lernen führt auf der einen Seite zur Vermeidung der vom Gesetzgeber verbotenen Diskriminierung. Auf der anderen Seite impliziert sie jedoch eine Verfälschung der Prognose aufgrund der Aufnahme von Daten, die eine Voreingenommenheit aus der Vergangenheit beinhalten. Aus dem Grund ist es wichtig, dass Algorithmen nicht als unfehlbare Autorität angesehen werden, sondern als eine zweite Meinung zur Beratung herangezogen werden (Packin 2019, 7). Die Verantwortung für einen Algorithmus sollte bei den Unternehmen ansetzen, die diese entwickeln. Firmen sollten sich des Einflusses bewusst sein, den die Algorithmen ausüben. Darüber hinaus sollten sie Beweise darüber anführen, dass die Anwendung von Algorithmen keine Diskriminierung verursacht. Dies geht mit einer regelmäßigen Überprüfung auf Legalität, Gerechtigkeit und Genauigkeit einher (O'Neil 2016, 198-199). Ein Algorithmus ist besser für die Entwicklung von Prognosen als für die Erstellung von Kausalzusammenhängen geeignet (Kleinberg et al. 2018, 137). Deshalb kann der Anspruch eines Arbeitgebers, den am besten qualifizierten Mitarbeiter finden zu wollen, vielseitig ausgelegt werden. Gleichzeitig kann er sowohl Vorteile als auch Nachteile mit sich bringen. Durch die flexible Interpretationsmöglichkeit kann ein Arbeitgeber alle Faktoren in seine Entscheidung miteinbeziehen, die ihm im Rekrutierungsprozess als sinnvoll erscheinen. Das unspezifisch definierte Ziel wäre zum Beispiel das Finden des optimalen Arbeitnehmers für eine Arbeitsstelle. Dabei kann die subjektive Voreingenommenheit eine große Rolle spielen. Algorithmen werden durch explizite Informationen in Form von Daten entwickelt. Auf diese Weise können menschliche Urteile über die berufliche Leistung reflektiert betrachtet werden. Es wird genau determiniert, welche Qualifikationen als relevant angesehen werden (Abebe et al. 2020, 254). Die Entscheidungsprozesse der Personalrekrutierung, die durch Algorithmen durchgeführt werden, finden immer mehr Anwendung in Unternehmen. Die Rechenschaftspflicht und die gesetzlichen Normen sind jedoch nicht in der Lage, mit dem technologischen Fortschritt mitzuhalten. Es ist nicht einfach, das Ziel einer Software zu erkennen. Die öffentliche Meinung verlangt deshalb, dass die automatisierten Entscheidungsprozesse zurechnungsfähiger werden (Barocas et al. 2017, 633). Dabei muss abgewogen werden, ob die Entscheidung, die durch den Algorithmus getroffen wird, rechtlich und moralisch vertretbar ist. Hierbei müssen sich alle Wirtschaftssubjekte über die Bedeutung der Regel, die beim Algorithmus angewendet wird, sicher sein. Das Potenzial, die Diskriminierung aus der Vergangenheit in den Algorithmus aufzunehmen, führt zu erhöhten Bedenken der Wirtschaftssubjekte. Explizit wird dabei die durch maschinelles Lernen erfolgte Korrektur der Entscheidungen, durch den Algorithmus selbst, kritisch betrachtet (Barocas et al. 2017, 678).

Die Personalrekrutierung, die durch das Nutzen von Algorithmen erfolgt, hat bemerkenswerte Vorteile. Dazu gehört der positive Effekt im Einstellungsprozess, wenn die Einflussvariable das Geschlecht oder die Ethnie zum Bestimmen der Entscheidung zulassen. Dennoch entstehen einige Bedenken in Bezug auf die Verlässlichkeit der Aussagen der Algorithmen. Diese dürfen nicht vernachlässigt werden. Eine Überprüfung der Algorithmen ist möglich, allerdings entstehen meist schon bei der Erhebung der Daten Probleme. So können sie durch die Voreingenommenheit des Arbeitgebers geprägt sein. Dieses kontroverse Thema erfordert mehr praxisbezogene Untersuchungen, um den Aspekt des Einflusses auf den Einstellungsprozess genauer untersuchen zu können.

5   Literaturverzeichnis

Abebe, Rediet; Barocas, Solon; Kleinberg, Jon; Levy, Karen; Raghavan, Manish; Robinson, David G. (2020): Roles for Computing in Social Change. In Conference on Fairness, Accountability, and Transparency. Barcelona, Spain. ACM, New York, NY, USA, S. 27–30.

Ajunwa, Ifeoma. (2016): The Paradox of Automation as Anti-Bias Intervention, 41 Cardozo, L. Rev, S. 1-55.

Barocas, Solon; Felten, Edward W.; Kroll, Joshua A.; Reidenberg, Joel R.; Robinson, David G.; Yu, Harlan. (2017): Accountable algorithms. University of Pennsylvania Law Review 165(3), S. 633-706.

Barocas, Solon; Selbst, Andrew D. (2016): "Big Data's Disparate Impact." California Law Review 104(3), S. 671-732.

Bertrand, Marianne, Mullainathan, Sendhil. (2004): Are Emily and Greg More Employable Than Lakisha and Jamal? A Field Experiment on Labor Market Discrimination. American Economic Review 94 (4), S. 991-1013.

Brooks, Catherine F.; Shmargad, Yotam; Williams, Anne (2018): How Algorithms Discriminate Based on Data They Lack: Challenges, Solutions, and Policy Implications. Journal of Information Policy 8, S. 78-115.

Chen, Li-Fei;Chen-Fu, Chien; (2008):Data mining to improve personnel selection and enhance human capital: A case study in high-technology industry.Expert Systems with Applications 34(1), S. 280-290.

Chenthamarakshan, Vijil; Kambhatla, Rose, Catherine; Nanda; Singh, Amit; Visweswariah, Karthik. (2010): PROSPECT: a system for screening candidates for recruitment. In Proceedings of the 19th ACM international conference on Information and knowledge management, S. 659-668.

Kleinberg, Jon; Ludwig, Jens; Mullainathan, Sendhil; Sunstein, Cass R. (2018): Discrimination in the Age of Algorithms. Journal of Legal Analysis, Volume 10, S.113-174.

Krause, Annabelle; Rinne, Ulf; Zimmermann, Klaus F. (2014): Abschlussbericht des Projektes ‚Anonym Bewerben in Baden Wüttemberg'. Institut zur Zukunft der Arbeit Reaserch Report 63, S. 1-93.

Lepri, Bruno; Letouzé, Emmanuel F.; Oliver, Nuria; Pentland, Alex P.; Vinck, Patrick. (2018): Fair, Transparent, and Accountable Algorithmic Decision-making Processes. Philosophie & Technology 31(4), S. 611–627.

Noack, Brent. (2019): Big Data Analytics in Human Resource Management: Automated Decision-Making Processes, Predictive Hiring Algorithms, and Cutting-Edge Workplace Surveillance Technologies. Psychosociological Issues in Human Resource Management 7(2), S. 37–42.

O'Neill, Cathy. (2016): Weapons of Math Destruction: How Big Data Increases Inequality and Threatens Democracy. New York: Brodway Books.

Packin, Nizan G. (2019): Consumer Finance and AI: The Death of Second Opinions?.New York University Journal of Legislation and Public Policy, Forthcoming; Baruch College Zicklin School of Business Research Paper No. 2019-04-06, S.1-46.

Pasquale, Frank. (2015): The Black Box Society: The Secret Algorithms that Control Money and Information. Cambridge, Massachusetts; London, England: Harvard University Press.

Tegmark, Max. (2017): Life 3.0: Being Human in the Age of Artificial Intelligence. New York: Alfred A. Knopf.

BEI GRIN MACHT SICH IHR WISSEN BEZAHLT

- Wir veröffentlichen Ihre Hausarbeit,
  Bachelor- und Masterarbeit

- Ihr eigenes eBook und Buch -
  weltweit in allen wichtigen Shops

- Verdienen Sie an jedem Verkauf

Jetzt bei www.GRIN.com hochladen
und kostenlos publizieren